AF351013

# Apple
# Aa

**A** is for Apple

# Ball

# Bb

B is for Ball

# Cat

## Cc

C is for Cat

# Dog

**Dd**

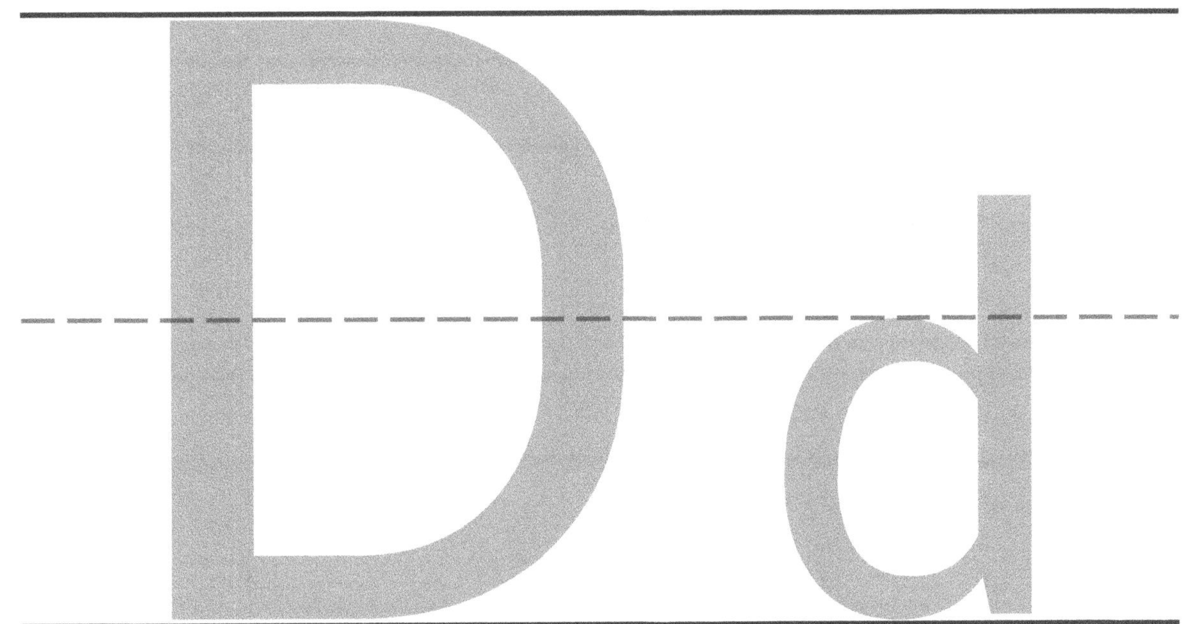

D is for Dog

# Elephant

# Ee

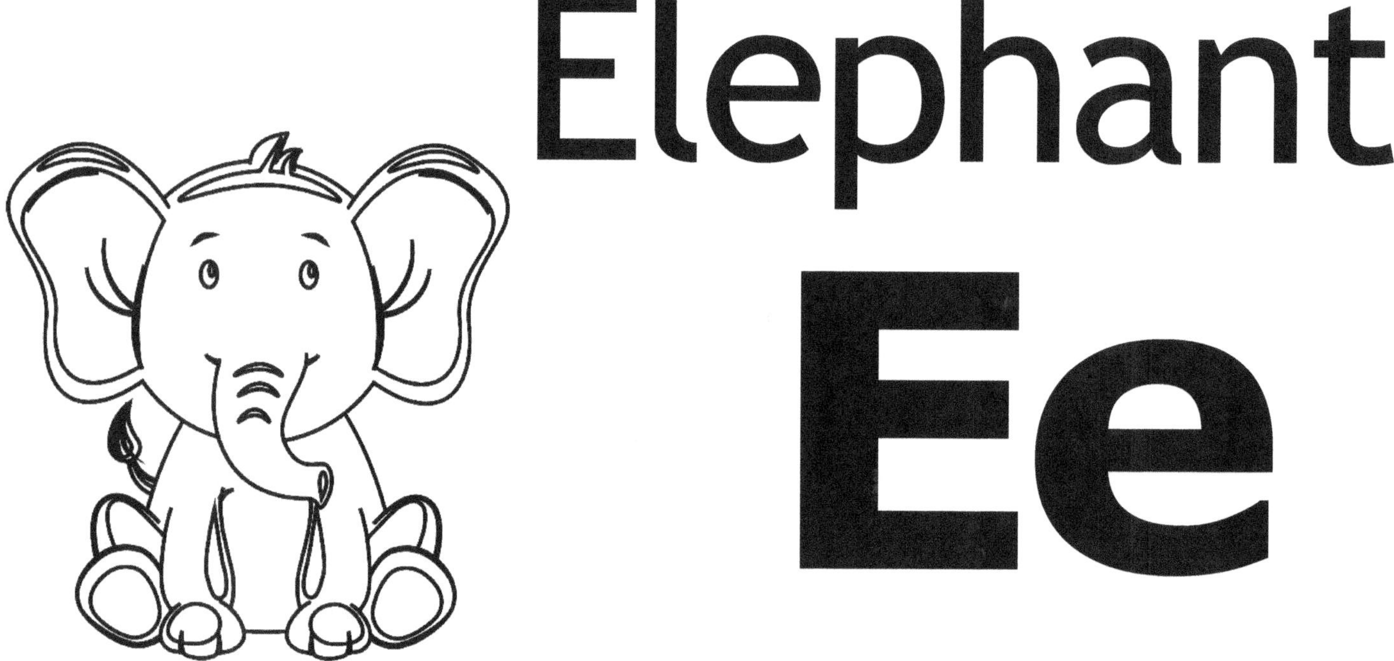

**_E_ is for Elephant**

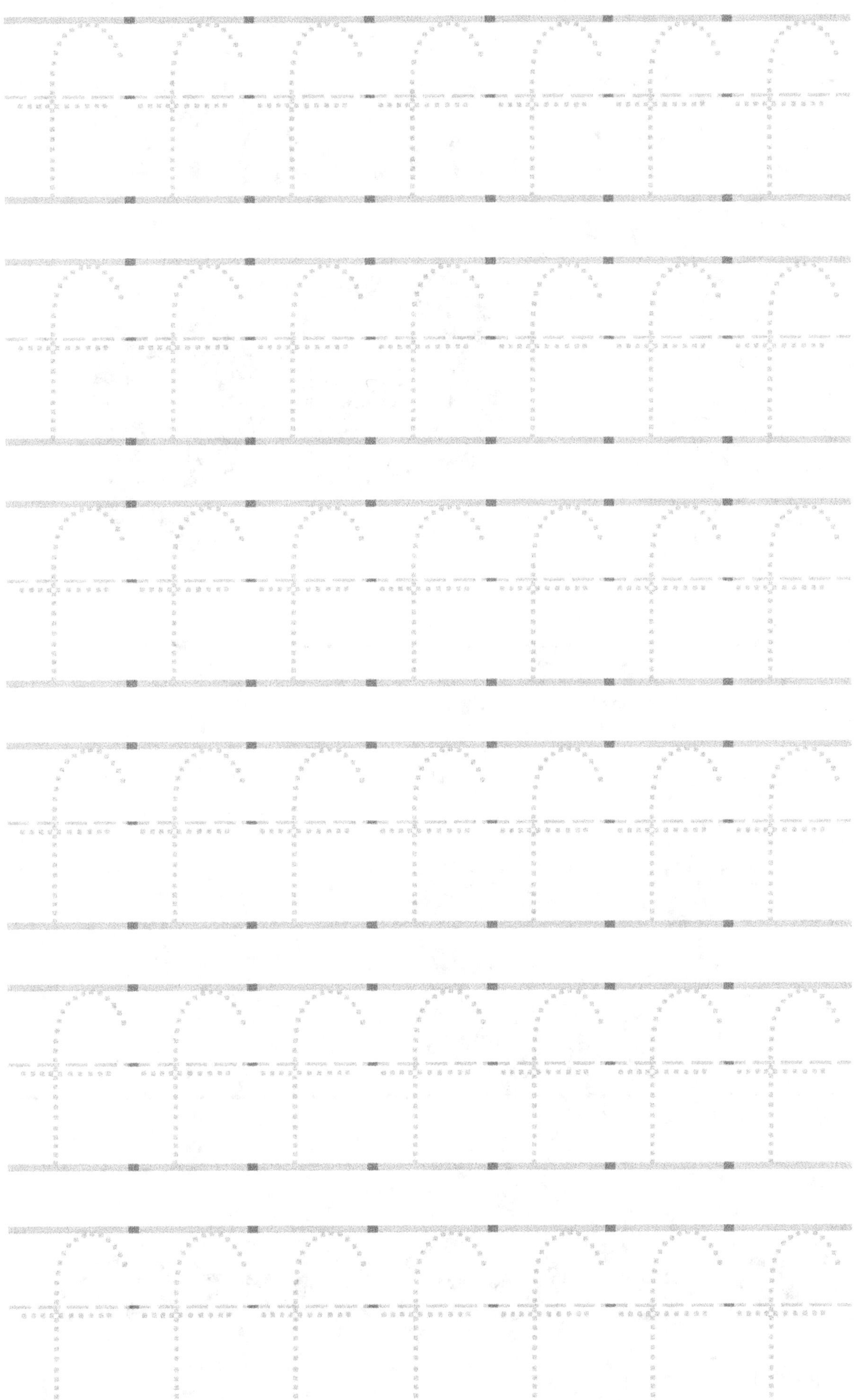

G g

G is for Giraffe

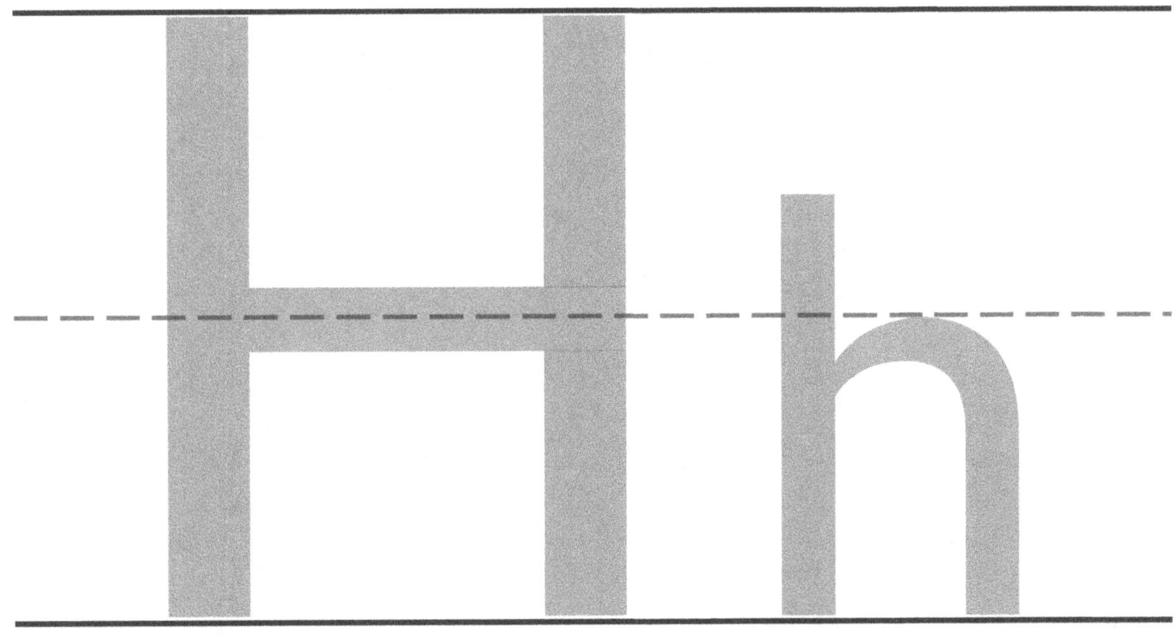


# H is for Horse

# Ice cream

## Ii

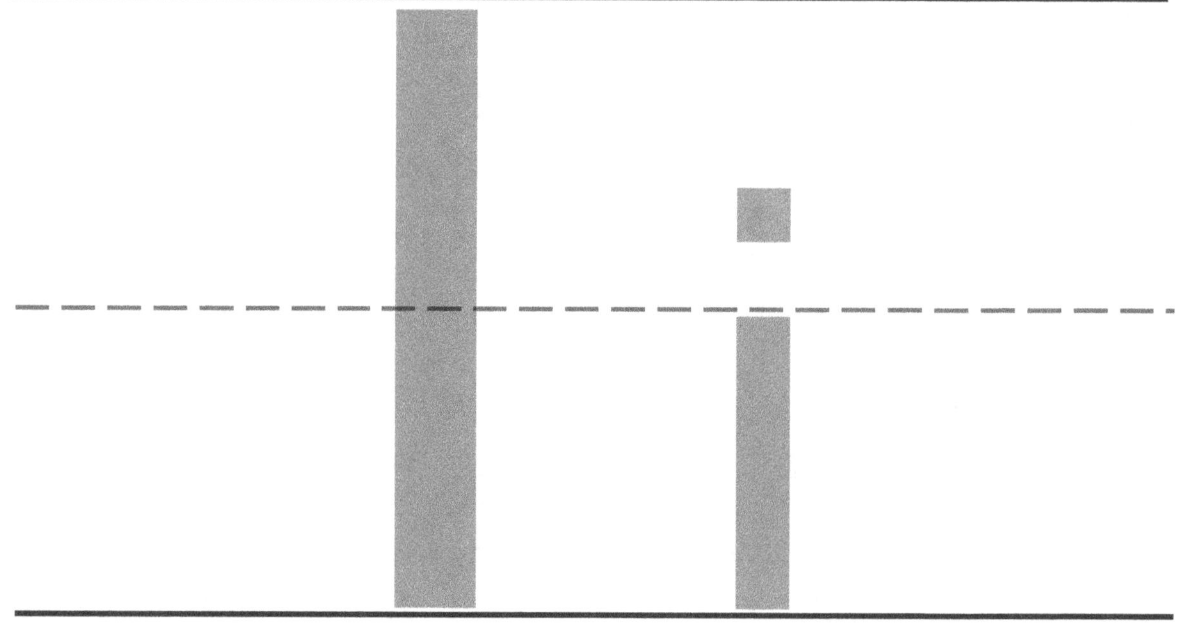

**I** is for Ice cream

[illegible]

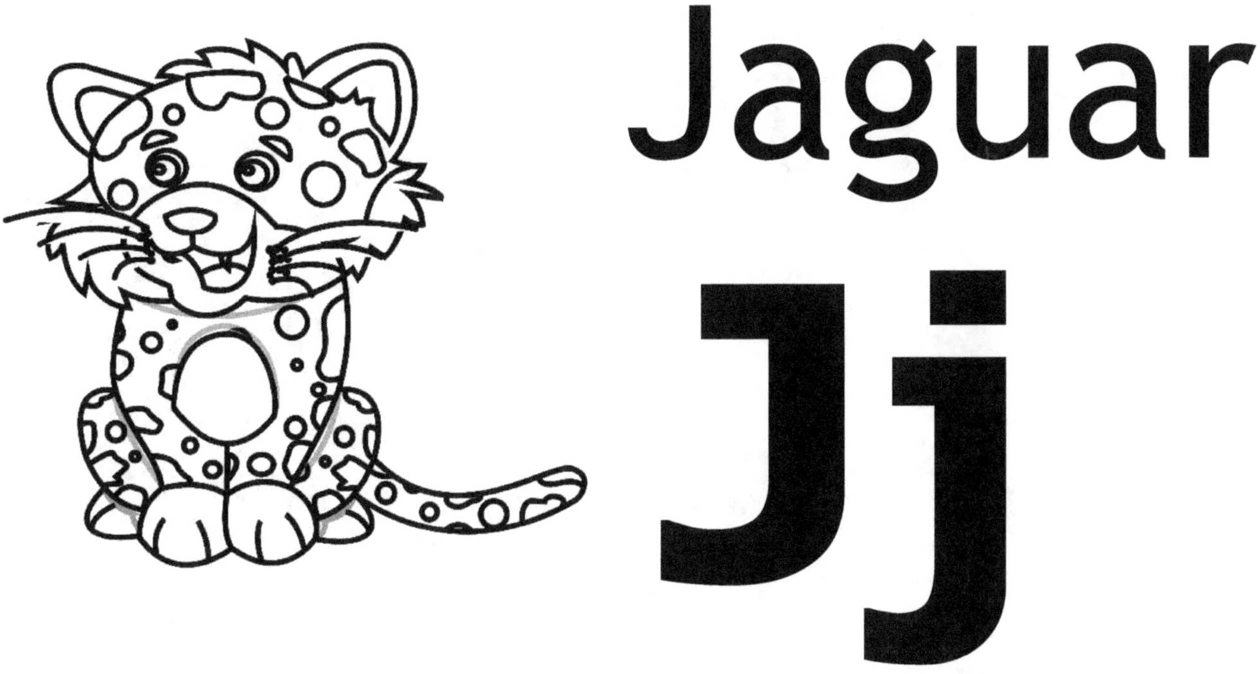

# Jaguar

# Jj

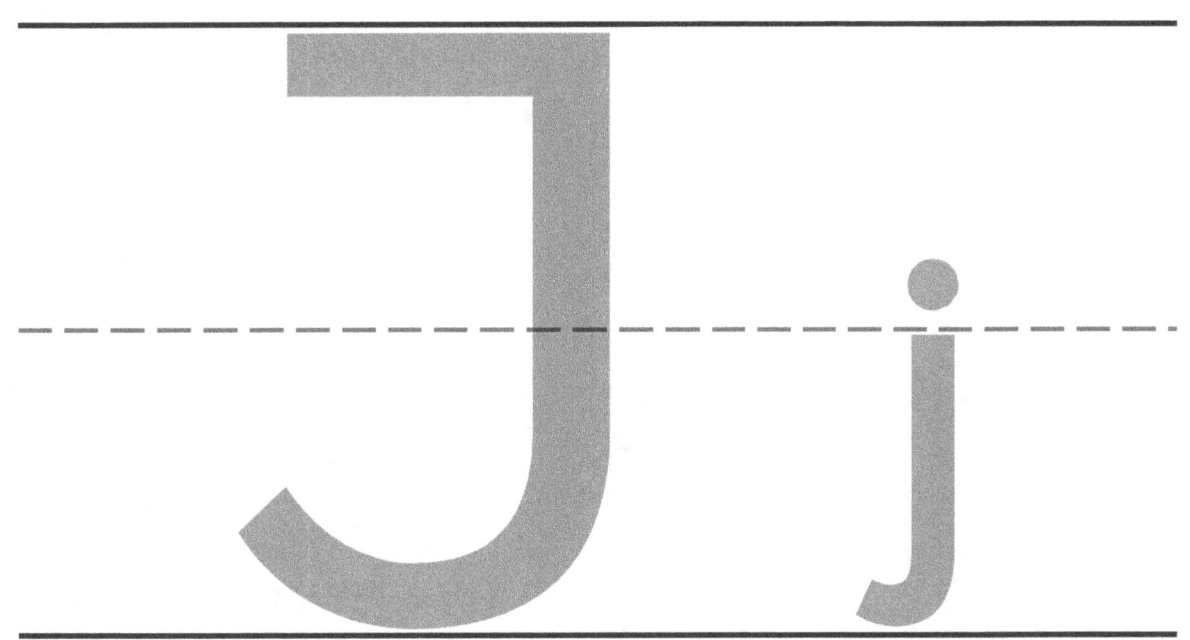

**J is for Jaguar**

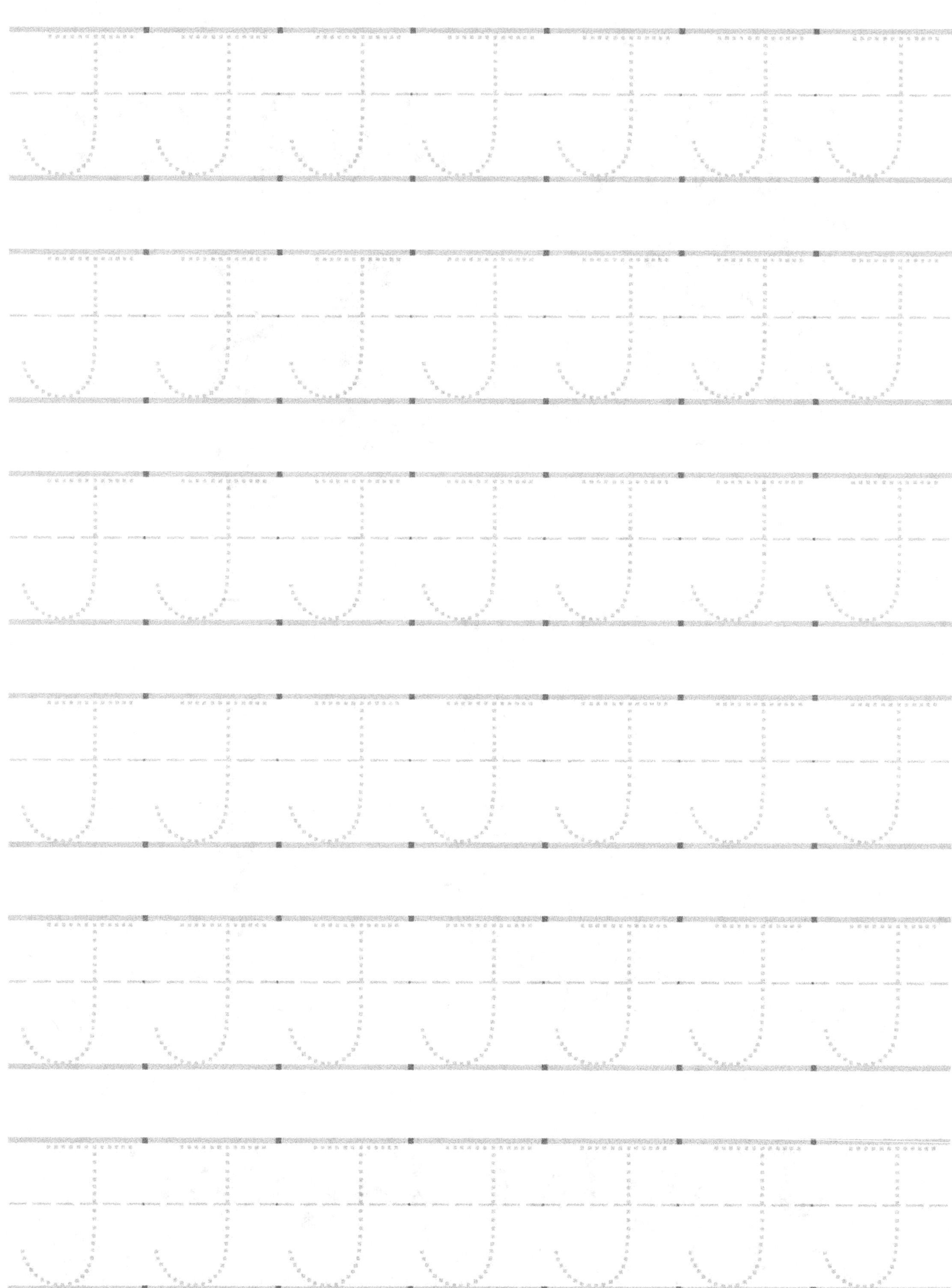

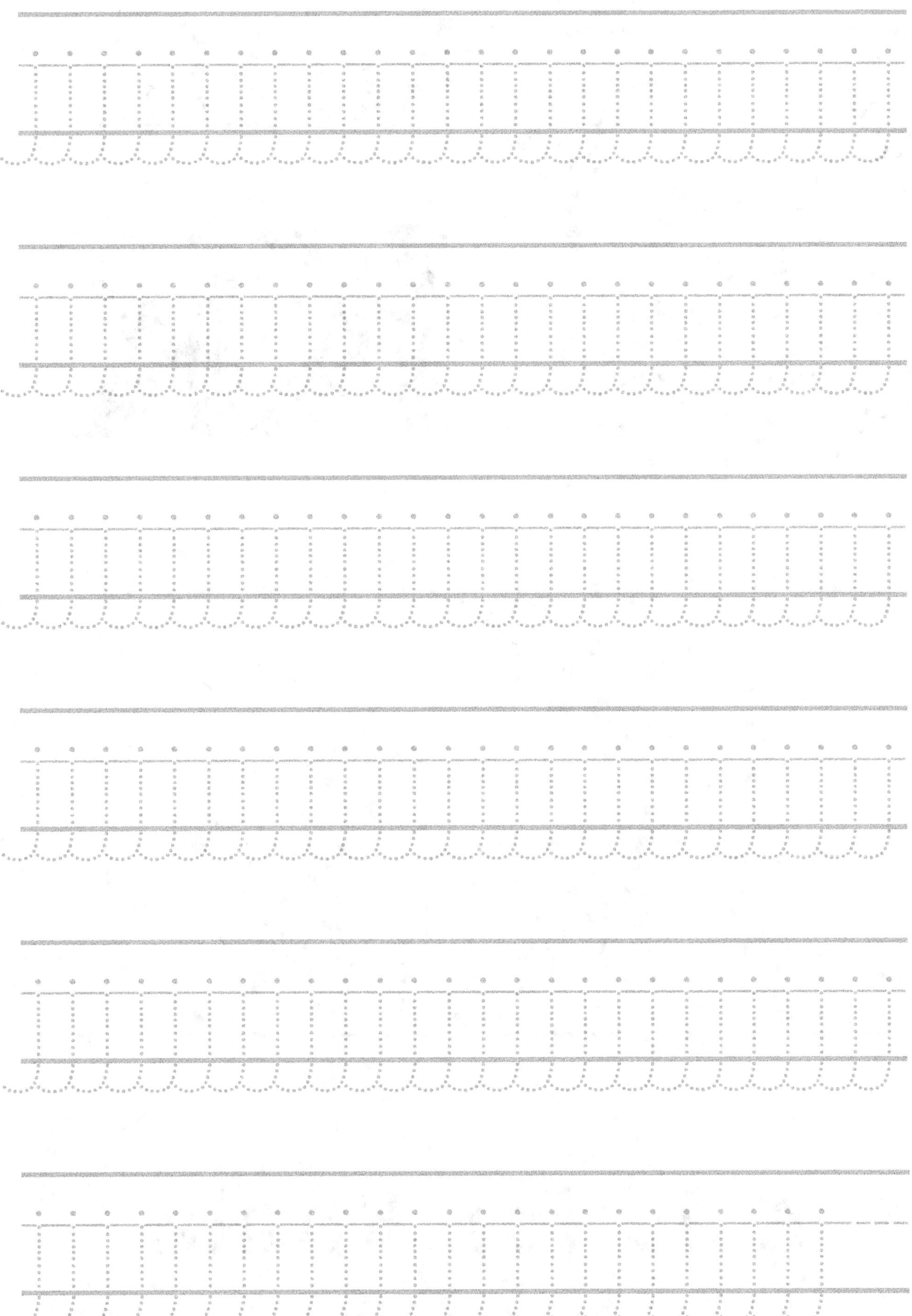

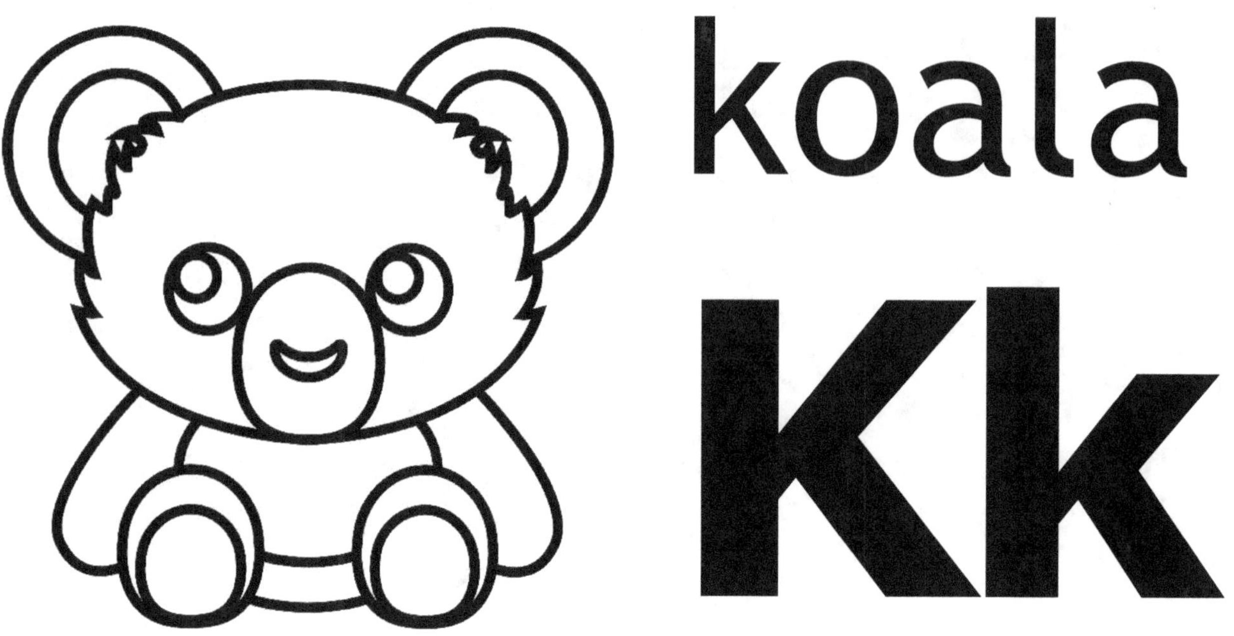



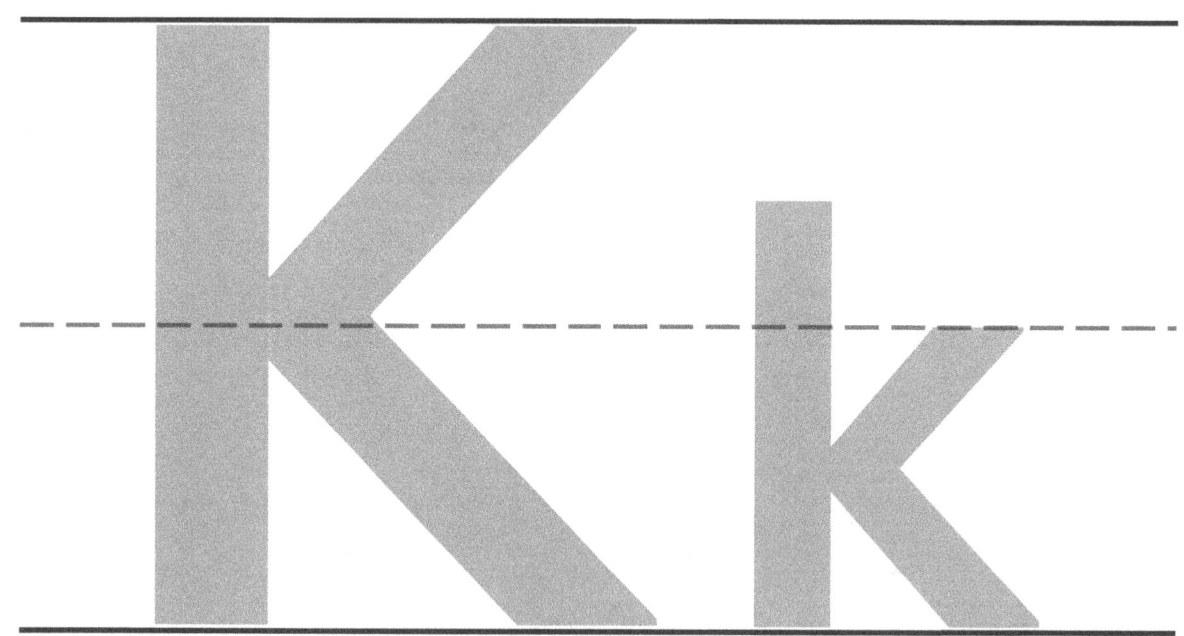



# K is for Koala

# Lion

# Ll

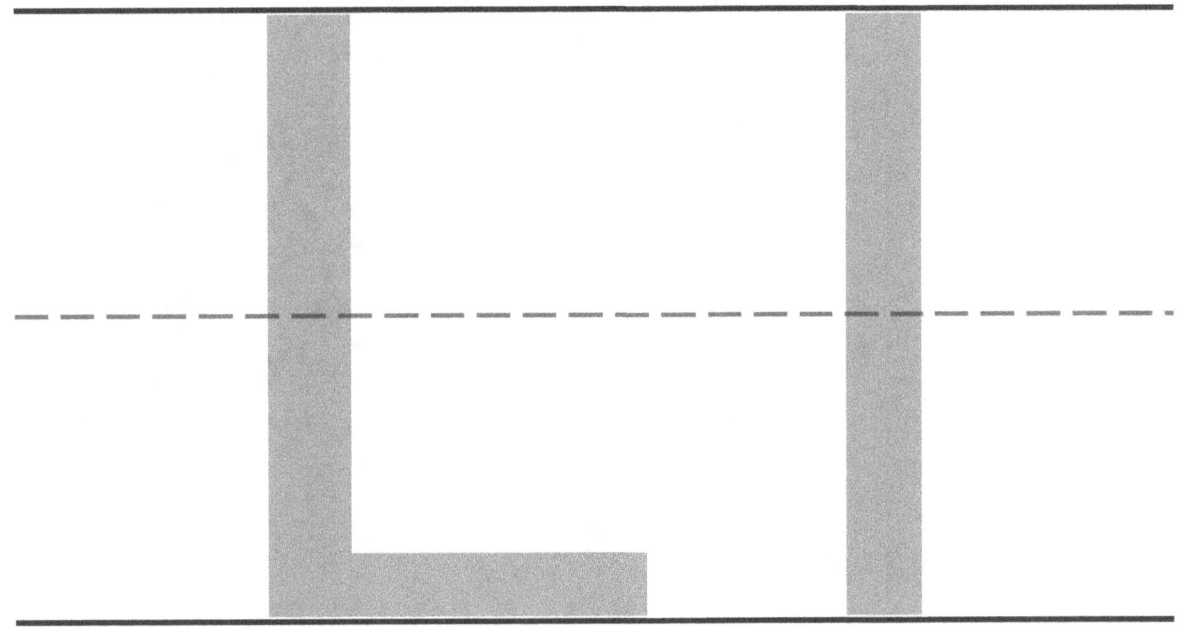

L is for Lion

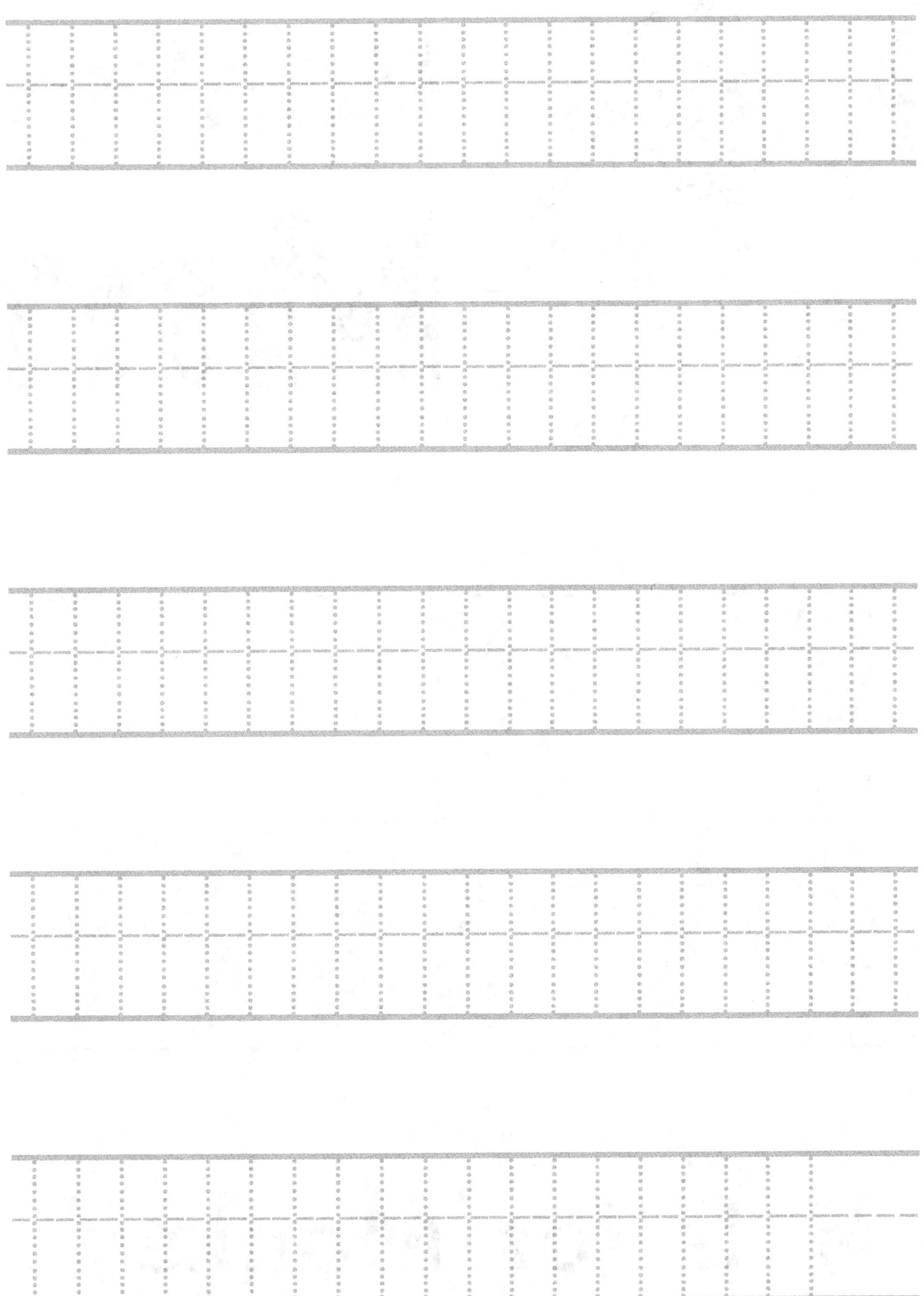

# Monkey
# **Mm**

M

M is for Monkey

# Nest

# Nn

**N is for Nest**

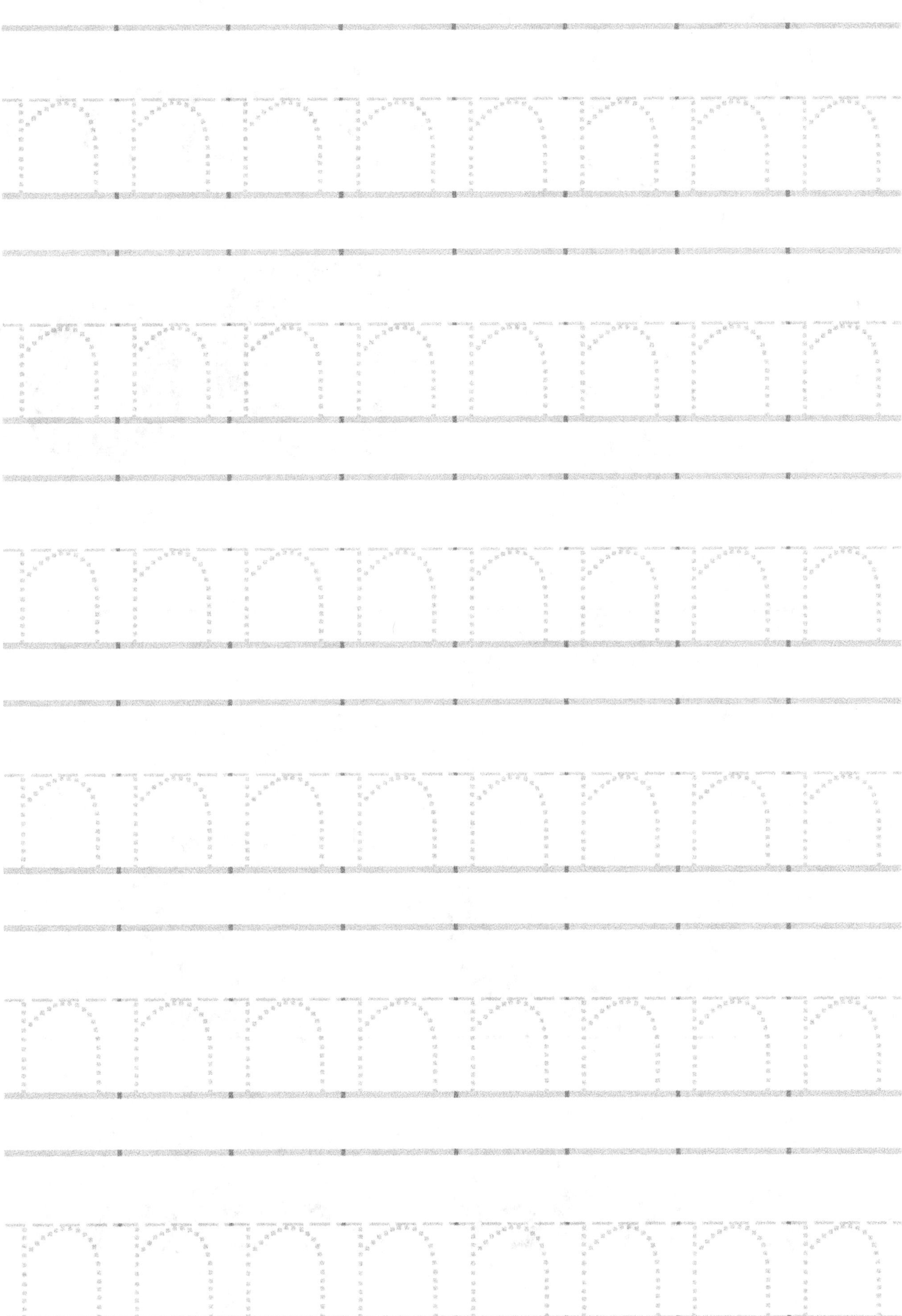

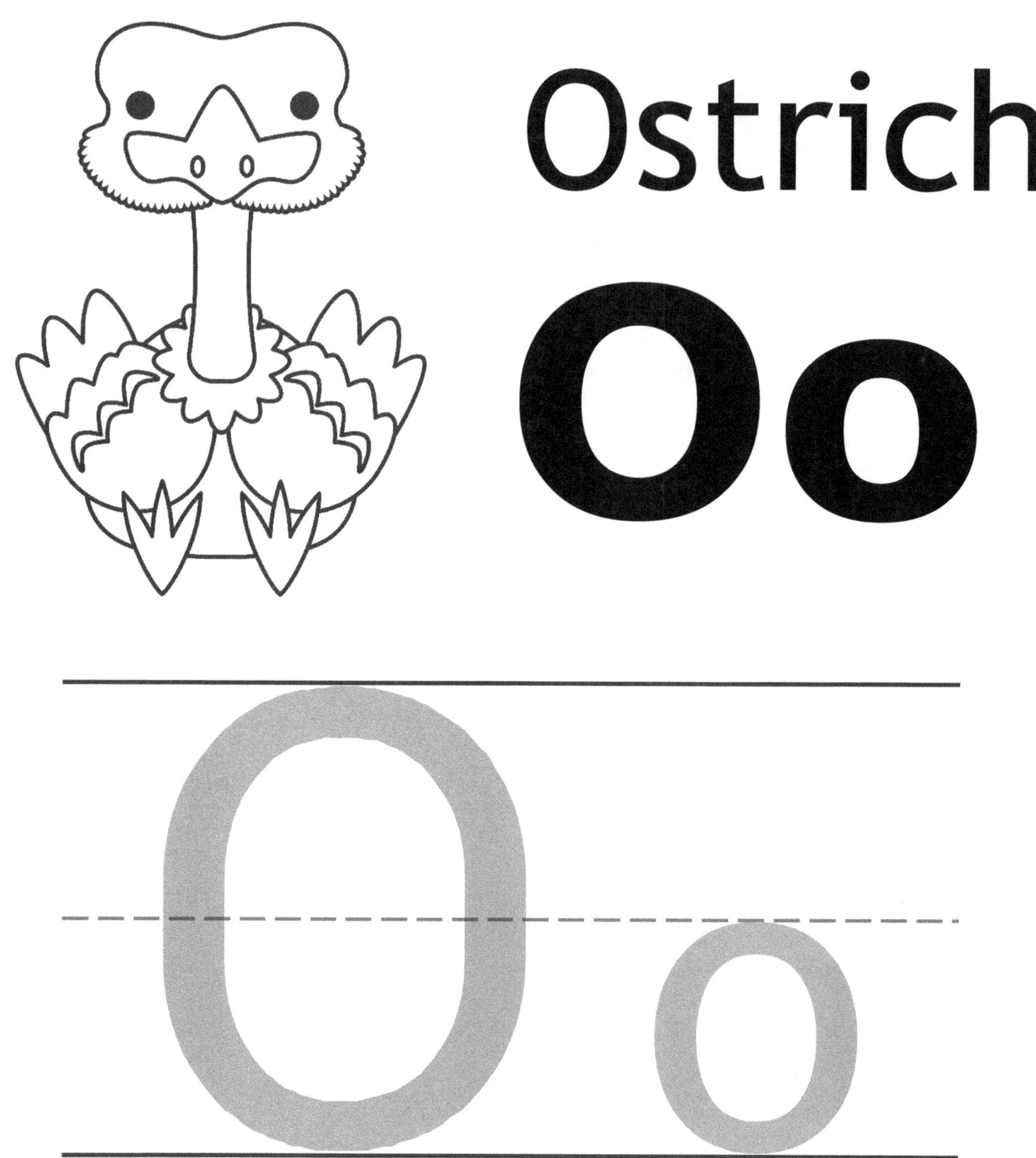

# Ostrich

## Oo

**O is for Ostrich**

P is for Panda

P P P P P P P P P

P P P P P P P P P

P P P P P P P P P

P P P P P P P P P

P P P P P P P P P

p p p p p p p p p

p p p p p p p p

p p p p p p p p p

p p p p p p p p p

p p p p p p p p

# Quail

# Qq

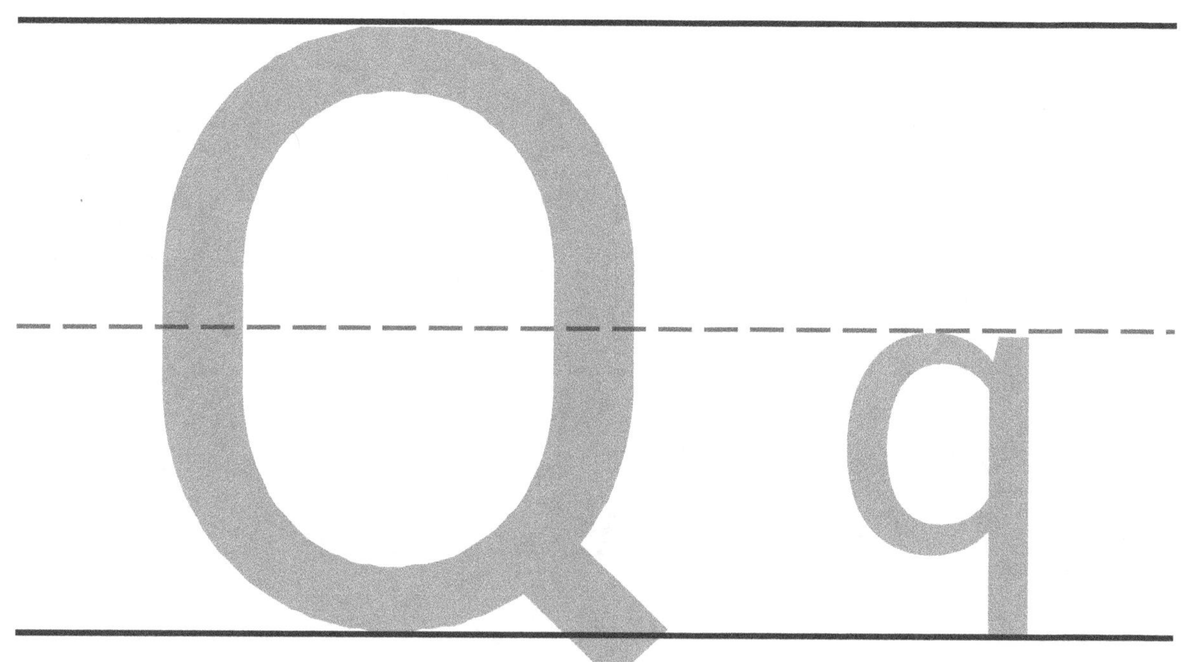

**Q is for Quail**

# Rabbit

# Rr

R is for Rabbit

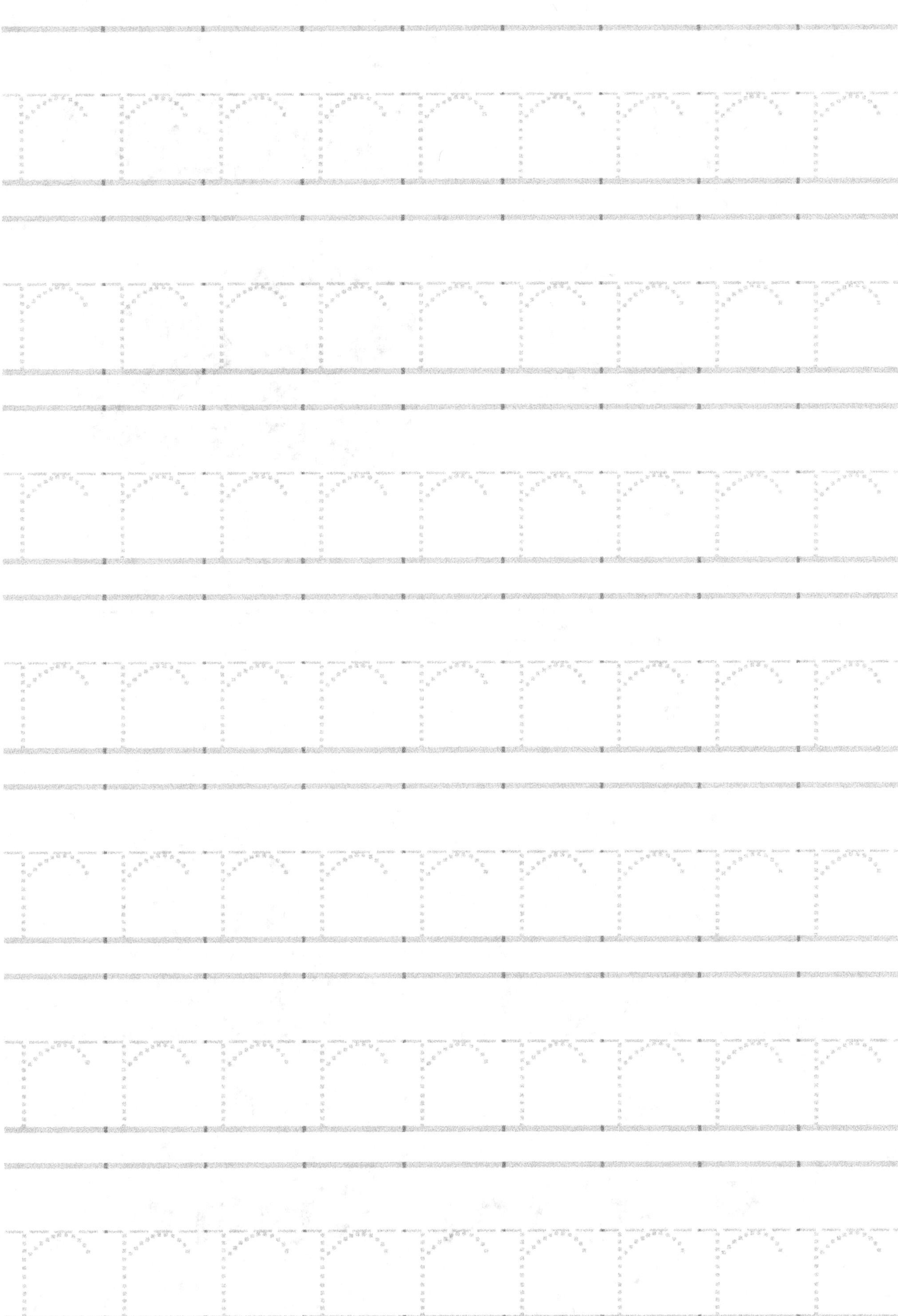

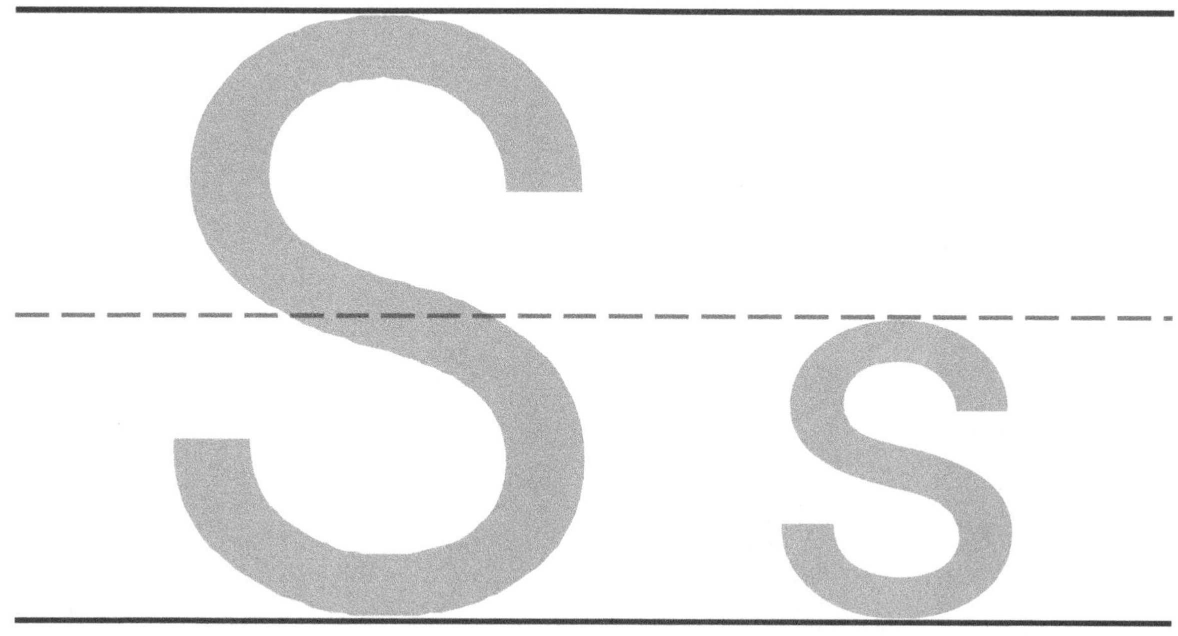


# S is for Swan

# Tiger

# Tt

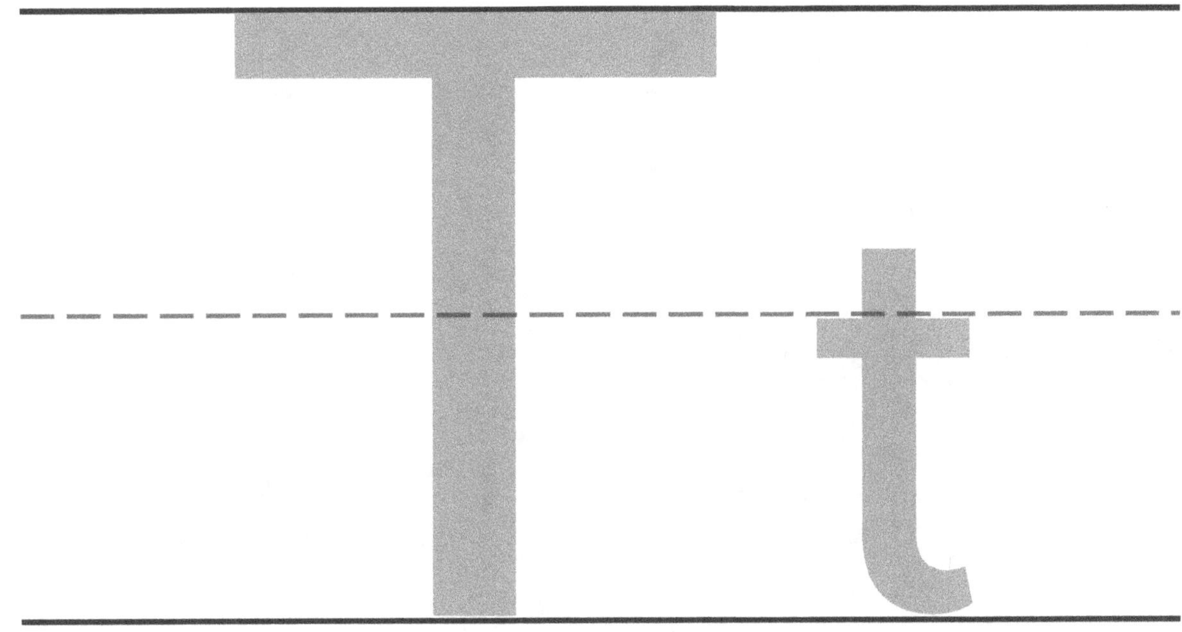

*T* is for Tiger

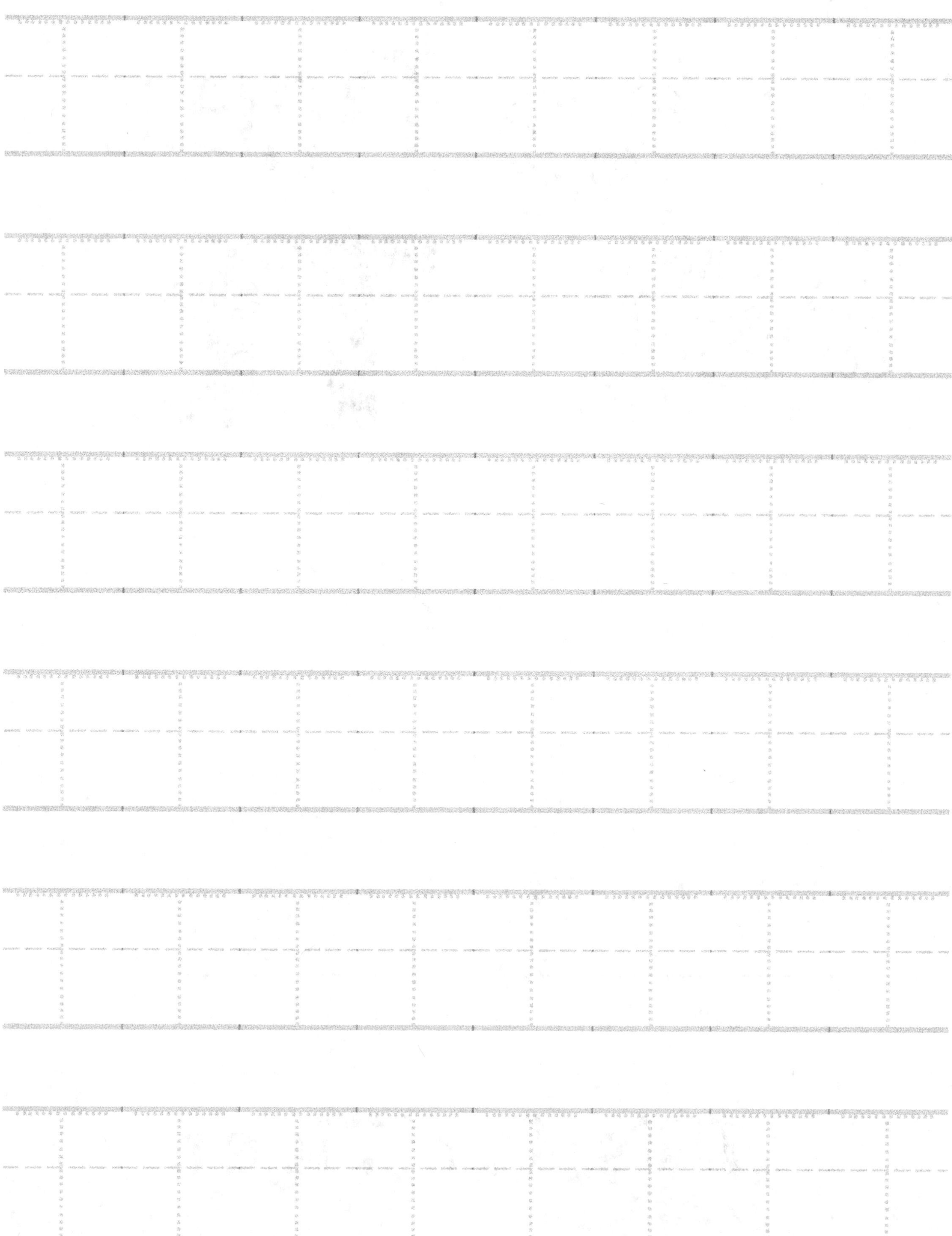

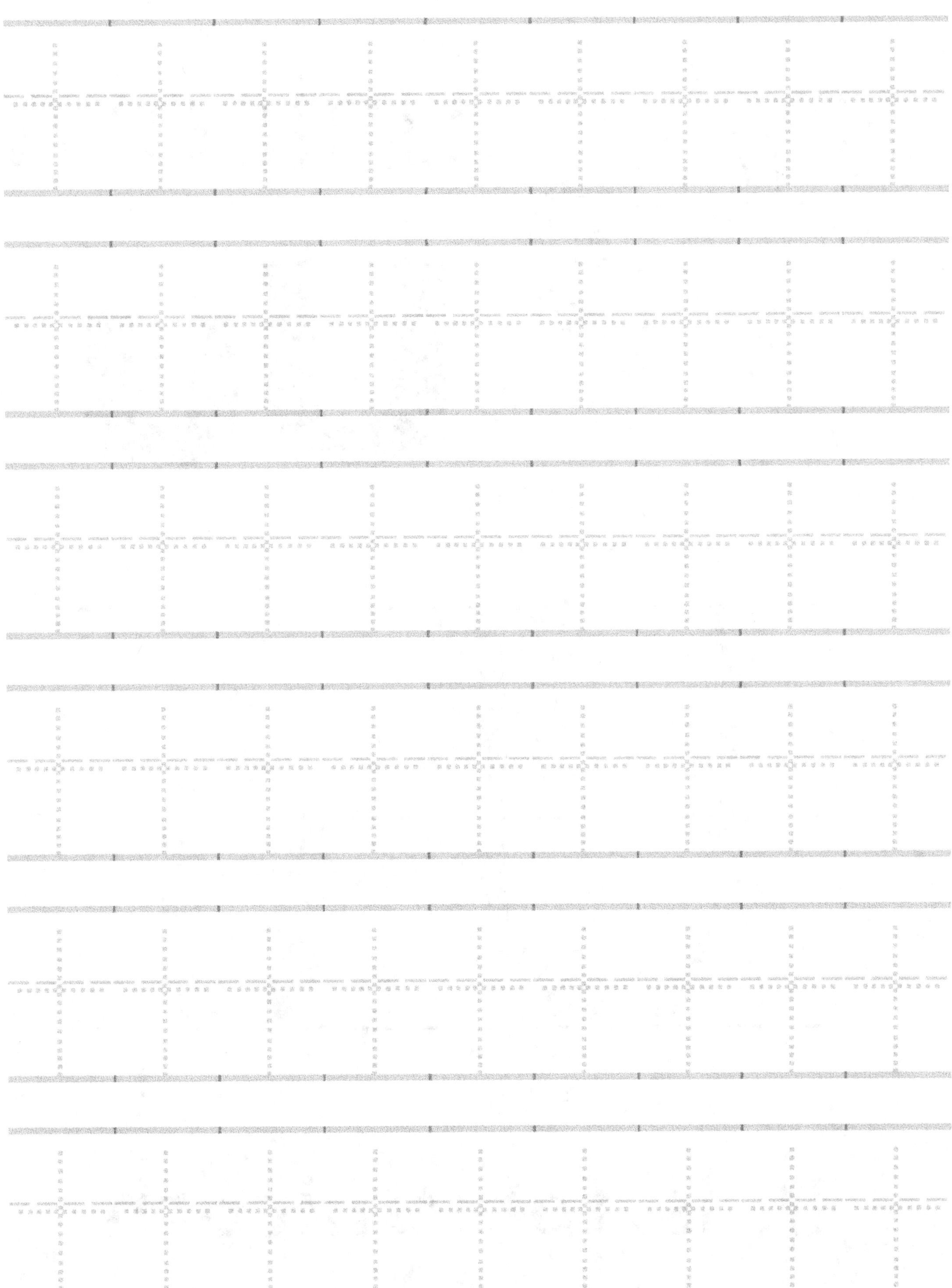

# Unicorn

# Uu

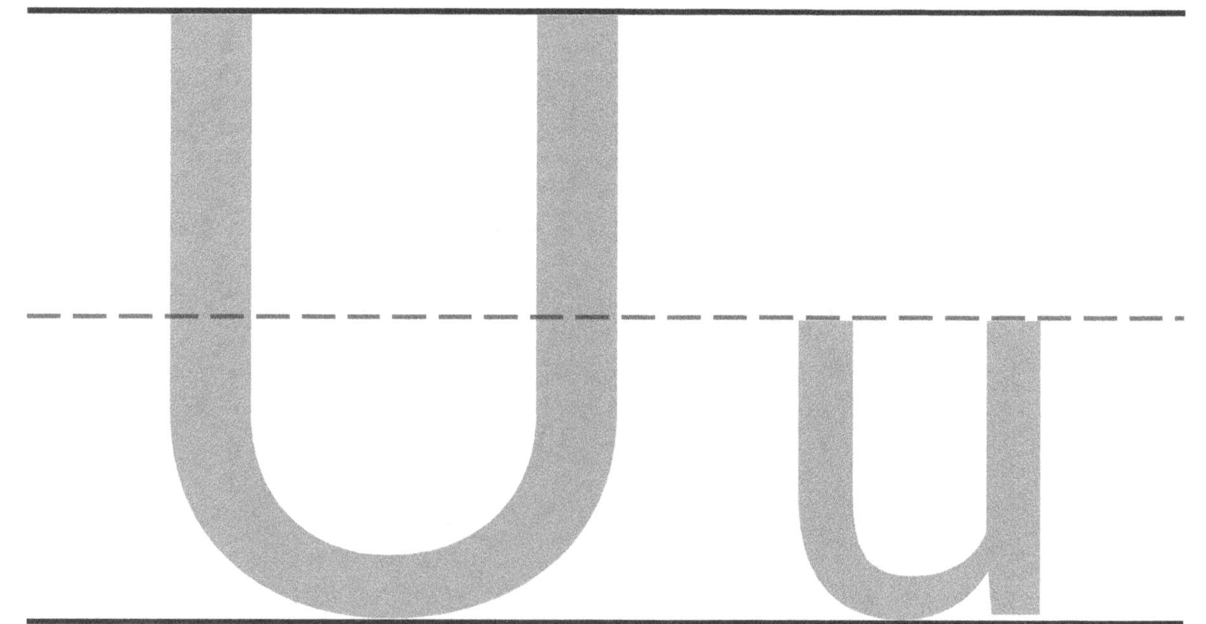

*u* is for Unicorn

U U U U U U U U U U U U

U U U U U U U U U U U U

U U U U U U U U U U U U

U U U U U U U U U U U U

U U U U U U U U U U U U

U U U U U U U U U U U U U

U U U U U U U U U U U U U

U U U U U U U U U U U U U

U U U U U U U U U U U U U

U U U U U U U U U U U U U

# Violin

# Vv

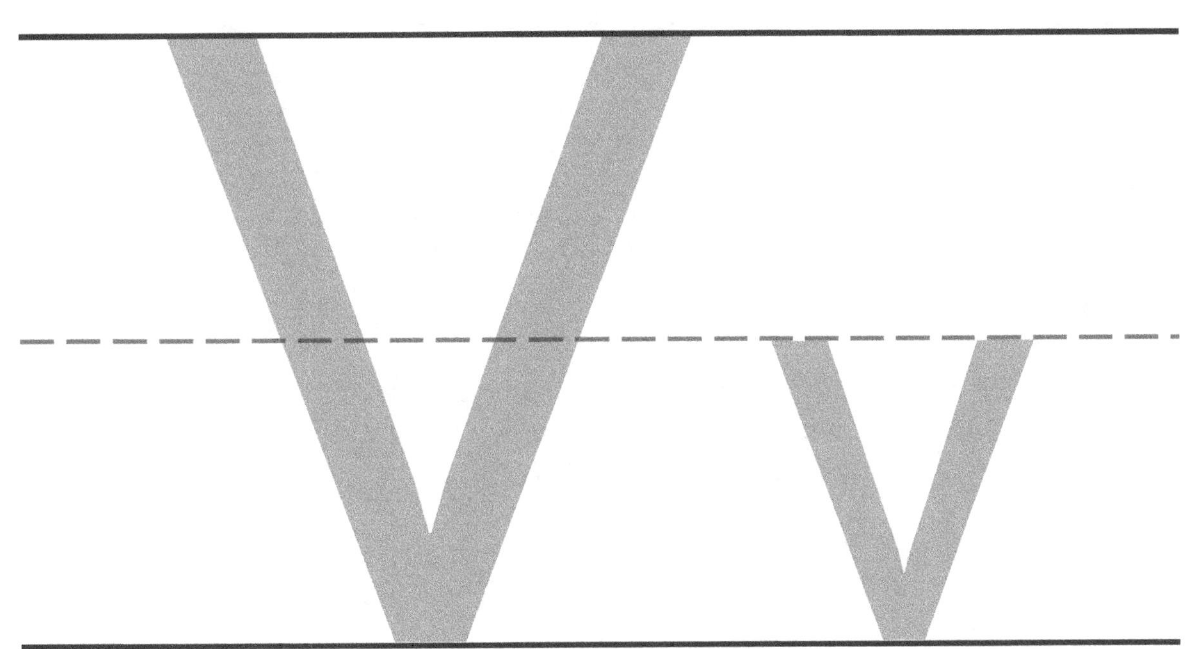

**V** is for **V**iolin

W is for Walrus

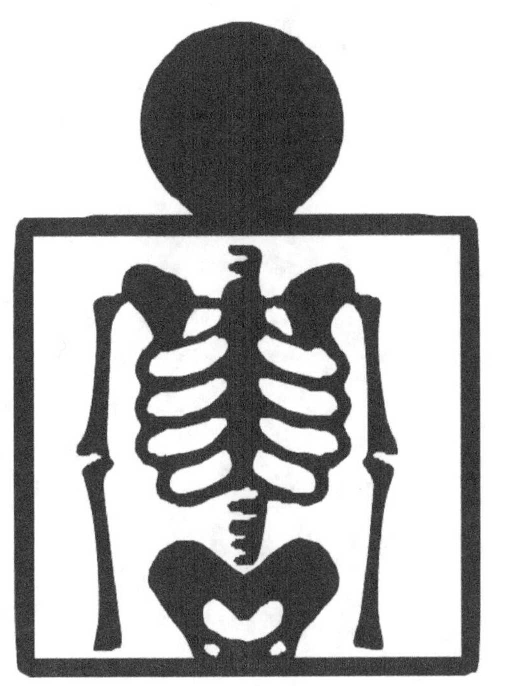

# X- Ray

# Xx

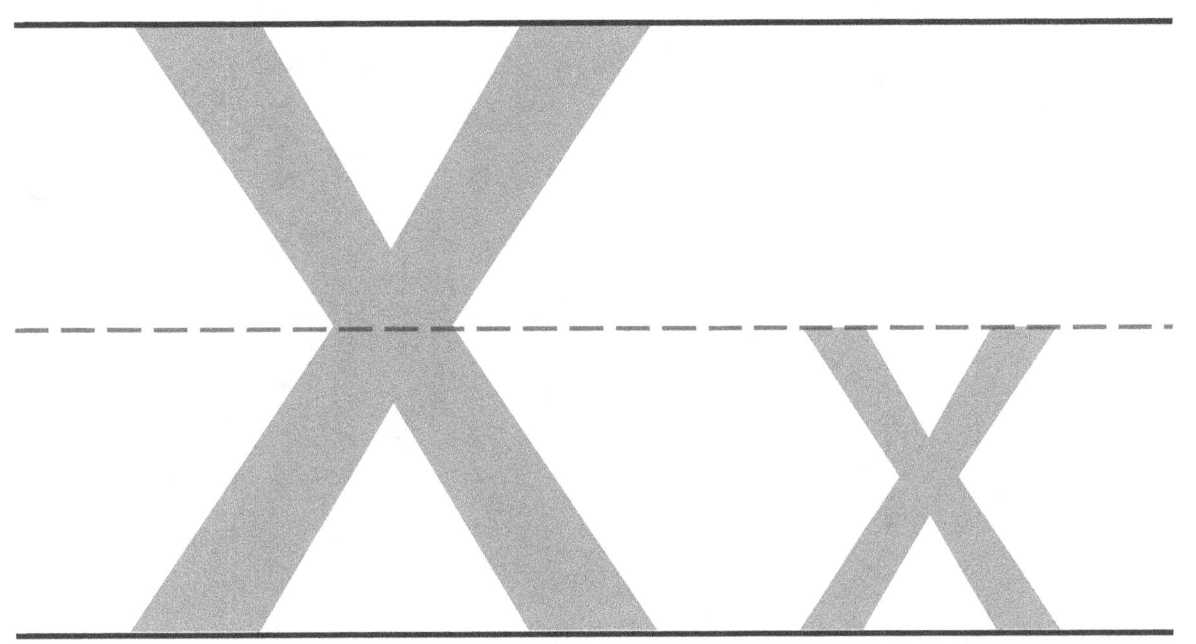

X is for X-Ray

# Yak

# **Yy**

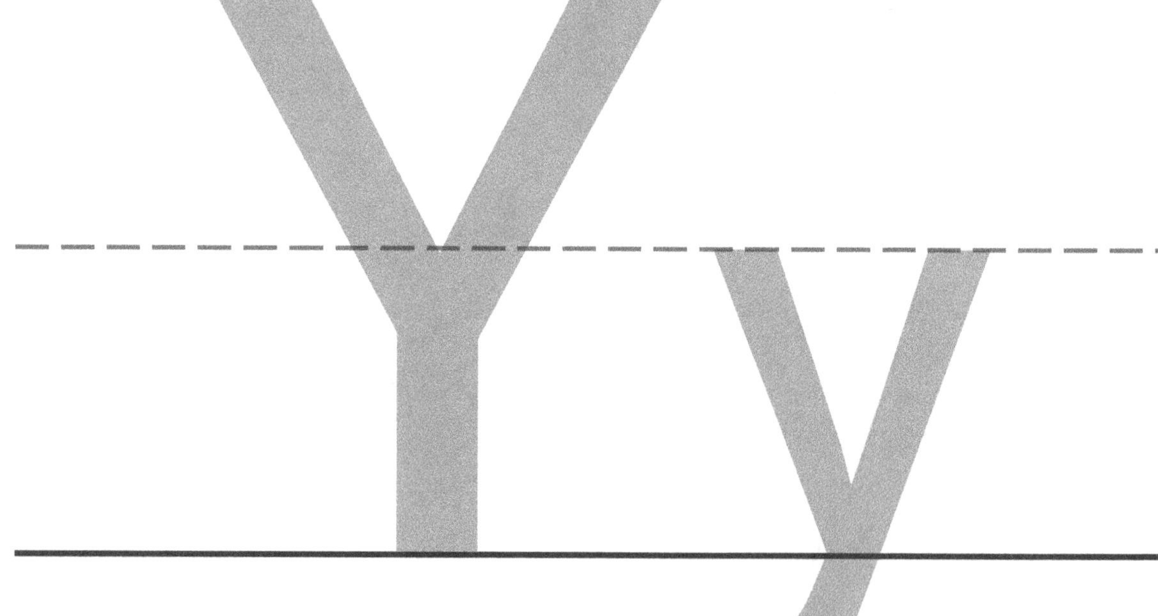

# Y is for Yak

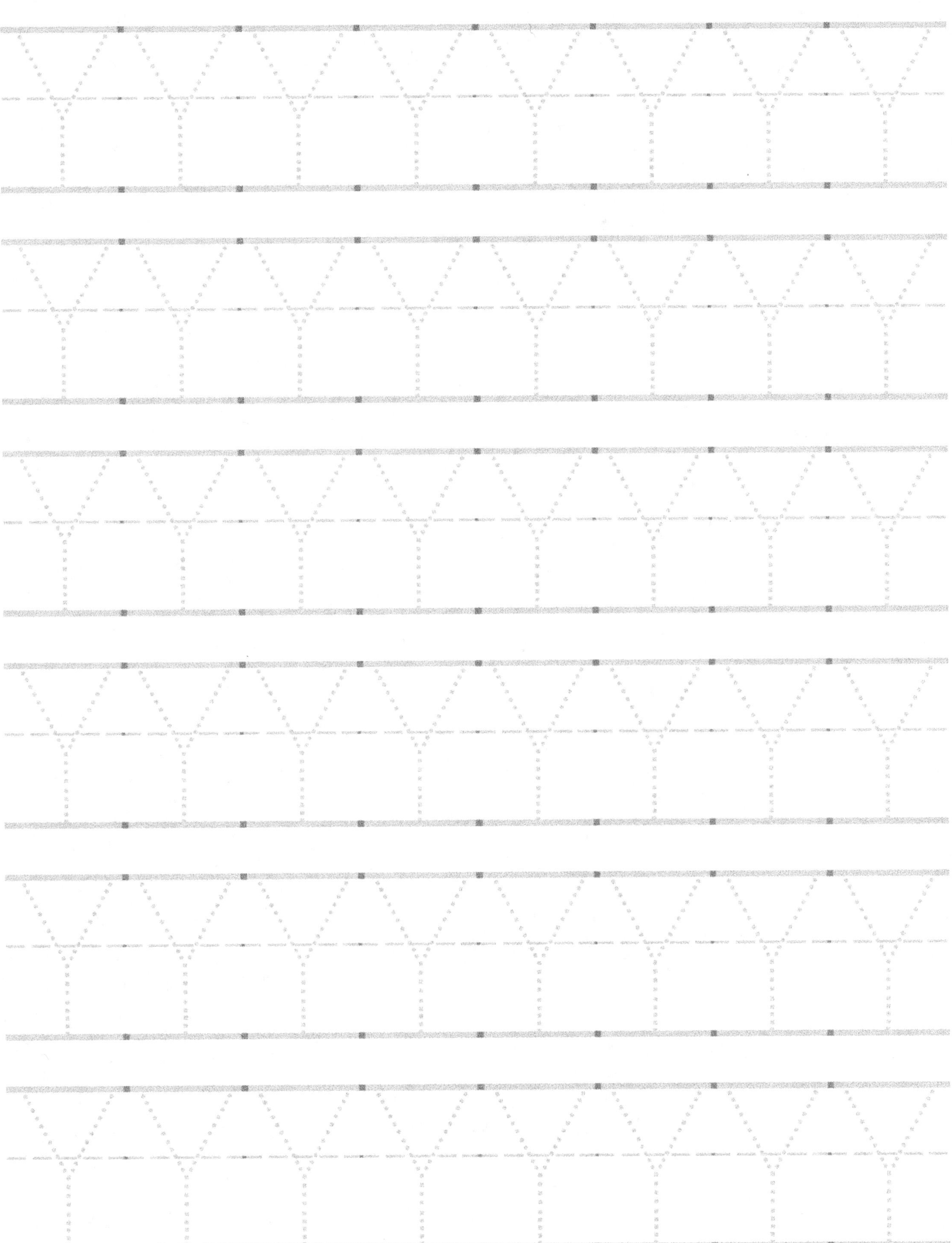

# Zebra

# Zz

# Z is for Zebra